POUR LA DÉFENSE DU DROIT INTERNATIONAL
II

LES
Violences Allemandes
à l'Encontre
des Non-Combattants

PAR

A. PILLET
PROFESSEUR A LA FACULTÉ DE DROIT DE PARIS

LIBRAIRIE
DE LA SOCIÉTÉ DU
RECUEIL SIREY
A^ne M^on L. Larose et Forcel
LÉON TENIN, Directeur
22, *rue Soufflot, PARIS*, 5e

1917

Déjà parus :

I

LES PREMIÈRES VIOLATIONS

DU DROIT DES GENS

par l'Allemagne

LUXEMBOURG & BELGIQUE

PAR

LOUIS RENAULT

MEMBRE DE L'INSTITUT
PROFESSEUR DE DROIT INTERNATIONAL A LA FACULTÉ DE DROIT DE PARIS
ET A L'ÉCOLE LIBRE DES SCIENCES POLITIQUES
MEMBRE DE LA COUR PERMANENTE D'ARBITRAGE DE LA HAYE
ANCIEN PRÉSIDENT DE L'INSTITUT DE DROIT INTERNATIONAL

1917. Un volume in-8 (22×14)........................ **2 francs.**

II

LES

VIOLENCES ALLEMANDES

à l'encontre

DES NON-COMBATTANTS

Par A. PILLET

PROFESSEUR A LA FACULTÉ DE DROIT DE PARIS

1917. Une brochure in-8 (22×14).................... **0 fr. 75**

III

LES DÉPORTATIONS

DU NORD DE LA FRANCE

ET DE LA BELGIQUE

en vue du Travail forcé

Et le Droit International

Par Jules BASDEVANT

PROFESSEUR DE DROIT INTERNATIONAL PUBLIC
A LA FACULTÉ DE DROIT DE L'UNIVERSITÉ DE GRENOBLE

1917. Un volume in-8 (22×14)........................ **2 francs.**

Pithiviers. — Imprimerie du « Recueil Sirey » — 10894.

LES

Violences Allemandes

à l'Encontre

des Non-Combattants

POUR LA DÉFENSE DU DROIT INTERNATIONAL

II.

LES Violences Allemandes à l'Encontre des Non-Combattants

PAR

A. PILLET

PROFESSEUR A LA FACULTÉ DE DROIT DE PARIS

LIBRAIRIE
DE LA SOCIÉTÉ DU
RECUEIL SIREY
Anne Mon L. Larose et Forcel
LÉON TENIN, Directeur
22, rue Soufflot, PARIS, 5e

1917

LES

VIOLENCES ALLEMANDES

A l'Encontre des Non-Combattants

L'incendie qui dévore l'Europe venait à peine de s'allumer que déjà des protestations indignées se faisaient entendre contre les actes de cruauté commis par les troupes allemandes sur le sol belge. On ne savait encore rien de précis, on répétait les noms de Visé, de Dinant, d'Andennes, d'Aerschot, de Louvain, d'autres lieux encore où, disait-on, des quartiers avaient été entièrement détruits, des monuments incendiés, nombre de citoyens paisibles massacrés sans raison aucune, des actes de véritable sauvagerie accomplis.

La rumeur devint si forte que dans les pays neutres on commençait à s'étonner que le peuple allemand si fier de sa civilisation pût se laisser entraîner à de semblables méfaits. Alors de violentes dénégations s'élevèrent en Allemagne. Tout d'une voix, les intellectuels les plus réputés de ce grand pays crièrent à la calomnie affirmant que nul reproche ne pouvait être adressé aux soldats de l'Allemagne, que ces soldats, respectueux des principes enseignés par le droit des gens, s'étaient abstenus de tout excès, souffrant patiemment les mauvais traitements que la population ne leur épargnait pas, venant en aide à l'occasion aux plus malheureux des habitants. Plus encore, l'Empereur lui-même prit la parole et, dans un télégramme célèbre qu'il adressa au Président des Etats-Unis, protesta contre les accusations dont ses troupes étaient l'objet. Il fit mieux, il ordonna qu'une enquête fût ouverte et, devant ses propres magistrats, des témoins par eux choisis défilèrent; leurs paroles soigneusement recueillies furent l'objet d'une publication officielle, *Die Volkerrechtswidrige Führung des belgischen Volkskriegs*. Cette cause n'est pas encore complètement entendue; elle ne le sera qu'à l'heure où les populations de la Belgique et du nord de la France auront recouvré avec la liberté, la possibilité de rapporter tout ce qu'elles ont souffert. Cependant, grâce aux enquêtes françaises, grâce surtout à l'héroïque obstination du roi des Belges et de ses sujets, nous en savons assez pour affirmer sans crainte d'erreur que les troupes allemandes ont, durant cette guerre, méconnu de parti pris la distinction essentielle des combattants et des citoyens paisibles que l'on ne devrait point mêler aux hostilités.

Peu de reproches plus graves que celui-là peuvent être faits à l'autorité militaire d'un Etat civilisé. Non pas que nous prétendions ici apitoyer le monde sur la violation d'un simple principe juridique, si ancien et si fondé qu'il soit. C'est que dans cette loi de la séparation des combattants et des non combattants se trouve la barrière la plus forte, la plus élevée, presque la seule qui ait le pouvoir d'empêcher une guerre honorable de dégénérer en une suite ininterrompue d'atrocités sans nom. Les savants allemands le savent aussi bien que nous. Ils n'ignorent pas que les théologiens qui s'efforcèrent les premiers d'accréditer la notion d'un droit de la guerre répètèrent tous que l'on doit épargner les personnes innocentes, femmes, enfants, clercs, pèlerins, laboureurs, artisans, tous ceux en somme que l'on désigne actuellement par l'expression de non combattants. Ils les appelaient eux, des innocents, parce qu'ils enseignaient qu'une bonne guerre ne peut se faire que pour une cause juste, c'est-à-dire contre un prince coupable de quelque crime, et ils estimaient avec raison que des sujets inoffensifs ne peuvent pas être réputés complices des forfaits de leur souverain. Ce fut la thèse de tous les auteurs anciens sans exception et tel qui, comme le célèbre Grotius, ne reconnaît pas de droit de la guerre au sens rigoureux du mot, fait pourtant au général un devoir de conscience absolu de ménager les personnes innocentes.

Cette règle a-t-elle disparu? Bien loin de là, il n'en est pas à notre époque de plus certaine, car elle n'est contestée par personne. A la vérité, l'appareil scientifique dont on l'entourait autrefois est tombé et l'on ne cherche plus de nos jours à réserver les rigueurs de la guerre aux coupables de quelque crime international. Mais la règle elle-même n'en est que plus solide, étant assise sur ses véritables bases de raison et d'humanité. La raison n'admet pas que l'on tue ou que l'on mutile des personnes désarmées, l'humanité même la plus élémentaire répugne à ce que l'on frappe des adversaires qui ne peuvent pas se défendre, qui n'y songent même pas et dont la présence aux lieux où se déroule l'action de l'armée n'est nullement un obstacle à la victoire. Ce sont là choses si évidentes que, sans l'expérience de la guerre actuelle, on aurait sans doute perdu l'habitude de les dire et que souvent déjà la doctrine ne prenait point la peine de les justifier.

Ce n'est pas que le droit des gens soit absolu au point de prétendre que jamais, en aucun cas, les non combattants ne souffriront des violences échangées entre combattants. Les coups destinés aux uns peuvent frapper les autres, certains moyens de nuire sont aveugles et menacent même les non combattants. Tels sont les bombardements de villes, ou l'action de torpiller un navire de guerre à bord duquel des non combattants peuvent se trouver. De tout temps, des exceptions semblables ont dû être admises et le droit canonique de la guerre les acceptait déjà, quoique dans une mesure plus restreinte que le droit actuel ne le fait. Enfin, il est très certain que les non combattants souffriront très gravement dans leur liberté et leur propriété des péripéties de l'action hostile qui se dérouleront à proximité de leurs demeures.

Tout cela, c'est le malheur inséparable de l'état de guerre, malheur qui n'est point injuste non plus, car ces non combattants ne sont pas des étrangers de la guerre, et il est équitable qu'ils supportent leur part dans le poids de la lutte où leur patrie est engagée. Mais ces exceptions fatales ne détruisent nullement le principe qui met les non combattants à l'abri des violences qu'entraîne l'état d'hostilité.

Aucun jurisconsulte de notre époque n'a jamais nié ce principe et la doctrine allemande, bien qu'elle soit particulièrement rigoureuse et volontiers équivoque, n'ose pas la révoquer en doute. Que l'on remonte jusqu'à Klüber, ou que l'on consulte le savant Heffter, Lueder le meilleur jurisconsulte de l'Allemagne en ces choses du droit de la guerre, Neumann ou encore Litzt, l'un des signataires du manifeste des intellectuels allemands, le même suffrage se recueille partout. Les violences contre les personnes, les meurtres, les blessures, les spoliations ne sont légitimes qu'à l'endroit des ennemis actifs c'est-à-dire de ceux-là seuls qui portent les armes au nom et pour le compte de leur patrie dont ils constituent la force militaire, l'armée qu'elle a organisée en vue de soutenir sa cause sur les champs de bataille. Quant aux ennemis passifs, aux simples citoyens étrangers au métier des armes, ils doivent être épargnés dans la mesure où il est matériellement possible de ne pas les atteindre. Ceux-ci, par une juste réciprocité, ne peuvent pas porter les armes, on leur imputerait à crime d'avoir manqué à ce devoir, et si l'on édicte contre eux cette loi rigoureuse, c'est précisément parce que l'on veut élever une barrière absolue entre ceux qui se battent et ceux qui ne se battent pas.

Cette opposition est essentielle. Les auteurs allemands y voient, non sans quelque exagération, le trait distinctif des habitudes anciennes et des mœurs modernes dans ce domaine.

Nous n'irons pas jusqu'à suivre la science moderne dans son argumentation, nous ne faisons pas ici œuvre de critique. Ce qui est essentiel à retenir, c'est que cette distinction fondamentale est admise par tous, que l'on n'oserait même pas la discuter, que la pratique s'y est ralliée et qu'aucun général dans ses proclamations à la population ennemie n'oserait s'en écarter. Aux yeux de tout homme raisonnable, elle constitue la limitation la plus naturelle et la plus salutaire que l'on n'ait jamais apportée à l'action meurtrière et dévastatrice de la guerre.

Il était réservé à la philosophie allemande de dénier l'autorité de ce principe, aux armées allemandes d'en mépriser de parti pris l'observation.

La doctrine pangermaniste, véritable doctrine d'infatuation allemande voit dans le déploiement de la force l'origine de tout droit et la condition de tout progrès social. Nul sophisme n'est plus lourd que celui-là. Le droit est par essence une réaction contre le caractère aveugle et funeste de la force et ceux même qui ne songent pas à contester l'influence inévitable de la violence dans les destinées de l'humanité s'attachent à la raison et au droit comme au seul moyen existant de limiter l'action de la violence et de l'empêcher de devenir le simple instrument des passions les plus funestes de l'homme. C'est précisément en cela que consiste le rôle de la civilisation. Les savants allemands seuls ne veulent pas le voir, aveuglés par leur orgueil et par leur confiance excessive dans la supériorité de la force allemande.

Mais laissons là les pures spéculations. Il est plus grave et plus utile de constater que les troupes austro-allemandes ont systématiquement méconnu le principe de l'immunité des non combattants. Les reproches qu'elles ont encourus à cet égard sont presque sans nombre et force nous sera de rappeler quelques exemples seulement choisis par nous parmi les plus saillants.

Avant d'aller plus loin, observons que ces exemples de massacres de non combattants qui ont révolté les consciences honnêtes remontent presque tous au début de la guerre, à une époque où le soldat n'était point encore aigri par les souffrances d'une longue campagne et n'avait pas d'injures à venger. C'est qu'à ce moment, l'Allemagne, justement orgueilleuse d'une préparation sans exemple, comptait sur une prompte et complète victoire et développait sans crainte les ressources de son triste génie.

Les premiers progrès des armées allemandes en Belgique furent marqués par des tueries, des incendies, des pillages, toutes violences voulues par le commandement allemand et même probablement préméditées. Aerschot, Andennes, Dinant, Louvain sont livrées à l'incendie et au pillage; dans chacune de ces localités, des centaines d'habitants inoffensifs sont massacrés, on en compte au total plus de 5.000. Comment expliquer de pareils désordres, surtout de la part de corps de troupe dont la parfaite discipline est connue. Que reste-t-il des droits reconnus aux non combattants lorsqu'on voit des civils poussés par masses à la boucherie, des villes incendiées et livrées préalablement à toutes les horreurs du pillage, lorsque rien n'est respecté, ni l'honneur de la femme, ni la faiblesse de l'enfance, lorsque les supplices sont accompagnés de brutalités sans exemple? Je ne veux en rappeler qu'un seul trait parmi des centaines qui pourraient être cités. L'histoire a le devoir de garder le nom du capitaine de gendarmerie Karge, un misérable qui poussa à coups de pied au supplice le jeune Tielemans, le fils innocent de l'innocent bourgmestre d'Aerschot qu'une blessure récente empêchait de marcher au gré de son bourreau. (Réponse au Livre Blanc, déposition de Mme Tielemans, p. 163).

Laissons ces détails répugnants. Le gouvernement allemand, ému de la triste célébrité qui commençait à s'attacher aux exploits de ses troupes, a prétendu les justifier, nous l'avons dit, soit en inspirant de nombreuses publications particulières soit en consacrant à la question tout un livre blanc.

Ce gros livre, il faut avoir la patience de le lire en entier, car s'il manquait quelque chose à la condamnation de la conduite des troupes allemandes, ce quelque chose il le fournirait. Rien de plus creux, de plus vide, de plus misérable. Il n'était pas niable que des milliers de maisons eussent été incendiées, des milliers de victimes faites dans la population civile, sans parler d'attentats plus honteux encore dont on ne nous dit rien. Comment expliquer que cela ait pu arriver? Rien de plus simple. Tous les témoins, et on en a entendu plus de deux cents, s'accordent sur tous les points. La troupe a été provoquée chaque fois par les excès des francs-tireurs, et les exécutions consommées sont la juste réponse aux crimes commis contre les troupes allemandes. A Aerschot, comme à Andennes, Dinant ou

Louvain, les choses se sont passées de même. A un signal donné par les cloches à Andennes, par deux fusées rouge et verte à Louvain, un feu de mousquéterie général part des fenêtres, des soupiraux des caves, des lucarnes des toits. Ce feu dure 10, 15 minutes, parfois une heure, il cesse, puis il reprend. Les balles sifflent de toutes parts; au bruit de la détonation, on s'aperçoit très vite qu'il ne s'agit pas du tir des armes de guerre allemandes, des bombes sont parfois jetées et même des mitrailleuses utilisées par les francs-tireurs. De morts ou de blessés, on ne fait pas de mention ou si l'on en parle, c'est par ouï dire. Dans ces cas ils sont toujours nombreux. Quelques-uns cherchent des raisons pour expliquer qu'un feu si nourri, dirigé à bout portant sur des colonnes de troupes défilant dans les rues étroites d'une ville, ait fait si peu de mal. Les francs-tireurs tiraient mal, ils étaient postés trop haut. Il y a une explication meilleure, et à la vérité seule admissible, c'est que l'on n'avait pas tiré et que les prétendus francs-tireurs n'ont jamais existé que dans l'imagination excitée du soldat allemand.

Mais la patience allemande a des limites. Après avoir répondu au feu par le feu, les soldats forcent l'entrée des maisons d'où l'on a tiré sur eux, les coupables sont fusillés sur le champ et c'est justice. Chose étrange, si parfois des soldats déclarent avoir vu dans les maisons qu'ils fouillaient des habitants le révolver à la main, ils ne disent pas avoir jamais trouvé un fusil, encore moins des bombes ou une mitrailleuse ! Ils se plaignaient à chaque page de cette volumineuse enquête d'avoir reçu des plombs de chasse et ils ne rapportent jamais le fusil d'où ces plombs sont sortis. Aucun d'eux n'est tué ni blessé dans les maisons où ils pénètrent; ils n'en font pas moins sortir les habitants qui sont le plus souvent massacrés.

A entendre ces témoins, les villes belges regorgent de francs-tireurs et pas une fois il n'est question d'un uniforme de franc-tireur, d'un fusil de guerre de franc-tireur, d'un sergent, d'un lieutenant ou d'un capitaine de francs-tireurs. Cependant, nous qui avons vu 70, nous savons fort bien que les compagnies franches avaient leurs uniformes, leurs officiers et sous-officiers, leurs armes de guerre. Les francs-tireurs ne s'amusaient pas alors à tirer des coups de fusil de chasse de la lucarne d'un toît dans une rue qu'ils ne pouvaient pas voir de là.

Ces accusations vagues et indirectes le plus souvent, ces dépositions qu'on dirait copiées sur un modèle unique, cherchent vainement à pallier l'assassinat de milliers d'innocents. Ces cadavres, les témoins les ont vus. Ce sont invariablement corps d'hommes ou de femmes ayant tiré sur eux. Ils n'en doutent pas. Avait-elle tiré sur les troupes allemandes cette enfant de cinq ans que l'on trouva miraculeusement indemne sous un tas de gens exécutés la veille, ou cette petite fille de dix ans que l'on tira du même tas, vivant encore mais grièvement blessée?

Ensuite on brûle des maisons coupables et comme au cours de l'incendie on entend des détonations, on cite ces détonations comme une preuve irréfutable de l'existence des francs-tireurs et de l'agression qu'ils ont commise !

En présence de pareils actes, en face d'une semblable argumentation, on devine ce que deviennent les droits de la population pacifique sur le théâtre d'une guerre. Et nous n'avons rien dit des privations, du mauvais traitement, des injures dont les malheureux belges ont souffert, rien de l'infamie de leurs bourreaux. Un des prêtres de Louvain, le père Schill, rapporte que le soldat qui le fouillait tenta d'introduire dans sa poche une cartouche pour le perdre plus sûrement. (Réponse belge, p. 360). Un autre transporté en Allemagne comme un vil bétail vit un officier s'approcher de lui et lui cracher à la figure.

La guerre a de dures nécessités et l'on conçoit que les attentats commis par la population contre l'armée soient réprimés avec la dernière rigueur. Mais quelles que soient les peines, la justice veut qu'elles tombent sur les coupables. Pour cela, un tribunal doit être réuni et, si expéditive que soit forcément cette justice, elle implique la présence de plusieurs juges pour que l'erreur de l'un puisse être redressée par l'autre, la possibilité pour l'accusé de se défendre et la mention, sur un registre, de la sentence et de ses motifs. Or, dans l'enquête allemande, on ne voit pas qu'un conseil de guerrre ait jamais été réuni, ni que l'on ait donné aux victimes la garantie d'une procédure régulière. Une chose est affirmée par les témoins, c'est que la population a tiré sur les troupes allemandes, une chose est certaine, c'est que les cadavres des habitants couvrent les rues et les places, et nulle part on n'aperçoit entre ces deux faits la liaison qui permettrait de dire que ceux qui ont été exécutés étaient bien ceux qui avaient tiré.

Personne ne paraît s'inquiéter de ces détails. A Aerschot, le colonel commandant les troupes est tué d'une balle sur son balcon, la ville est mise à feu et à sang, mais on ne tente même pas de retrouver la balle pour savoir de quel fusil elle a pu partir. Les otages pris dans la ville sont emmenés au dehors par ce même Rittmeister Karge que nous avons cité. Là, il les fait fusiller en trois groupes, nous dit-il *Die volkerrechtswidrige Führung*, p. 100) sur l'ordre que lui donne un officier d'état-major dont il ne sait même pas le nom, car il se borne à dire que c'était le commandant d'une section du régiment d'artillerie de campagne N° 17, ces otages étaient au nombre de 88. Ailleurs, dans un faubourg de Dinant, au lieu dit Rocher Bayard, quatre-vingts habitants sont fusillés, parmi lesquels des femmes et des enfants, sur l'ordre d'un officier de grenadiers âgé, dont le nom même n'est pas donné.

Ni le tumulte du combat, ni l'excitation des soldats ne peuvent excuser de pareilles choses. Ce qu'il faut dire, car c'est la vérité, c'est que tous ces meurtres ne furent point des accidents de guerre, mais bien le fruit d'un système prémédité. Devant l'indignation d'une population pacifique qui se voyait, par suite de la violation de la neutralité belge, en proie à toutes les horreurs d'une guerre qui lui était étrangère, les Allemands ont voulu assurer par la terreur la sécurité de leurs armées. Ils ont inventé des francs-tireurs qui n'ont point existé, parlé de gardes civiques qui n'ont jamais été réunis ni armés, supposé des cas de rébellion imaginaires pour frapper d'épouvante la population. Voilà où l'on arrive lorsqu'on méconnaît de parti pris la distinction des combattants et des non combattants.

Les Allemands ont fait pire encore si l'on considère le point de vue de l'honneur militaire. Maintes fois il leur est arrivé de se servir de ces otages qu'ils prenaient un peu partout pour se soustraire aux risques d'une lutte loyale. Ici, c'est le curé d'une paroisse qu'ils emmènent avec eux sur le champ de bataille l'obligeant à rester debout pendant que les soldats couchés auprès de lui continuaient leurs feux; là ce sont des troupes d'habitants paisibles, des femmes, des enfants qu'ils obligent à stationner des heures entières sur des points particulièrement exposés, pendant que leurs troupes derrière cette muraille vivante poursuivent leurs évolutions. Le procureur du roi de Dinant a vu les faits se produire par deux fois dans sa ville et dans l'une de ces occasions, une jeune fille de vingt ans eut la tête traversée par une balle française.

Des faits de ce genre sont consignés en nombre considérable dans les rapports faits sur la conduite des troupes allemandes. Autant que les pires violences, ils sont déshonorants pour les soldats qui en ont été les auteurs. Comme moyen de guerre, ils constituent une nouveauté. En 1870, les Allemands ont maintes fois placé sur des locomotives quelques notables dans le but d'assurer contre les exploits des francs-tireurs la marche de leurs trains, mais il n'est pas venu à notre connaissance qu'ils aient jamais poussé devant eux des groupes d'habitants en pleine bataille. C'est donc un des derniers progrès de l'art militaire allemand. Mais alors on voit bien qu'aucune différence ne sépare plus le combattant du non combattant et qu'il ne subsiste aucune raison valable de défendre à ce dernier d'avoir des armes et d'en user.

Naturellement, l'enquête allemande a gardé sur ces faits un silence complet. On ne pouvait pas en la circonstance accuser les habitants d'avoir été les artisans de leur perte. Ce silence n'empêchera pas ces faits de demeurer dans toutes les mémoires à la confusion des armes allemandes.

Après avoir rappelé cette suite d'horreurs, il paraît de peu d'intérêt de parler de propriétés, d'argent, de biens mobiliers. Nous devons le faire cependant. Le droit des gens prend sous sa protection la propriété des non combattants et il n'est pas de loi militaire qui ne punisse très sévèrement le vol et le pillage même en territoire ennemi. Le droit ne ferme pas les yeux aux exceptions considérables que subira son principe. Il sait que les nécessités militaires obligent souvent à détruire des propriétés, que la pratique indispensable des réquisitions pèse lourdement sur le pays occupé, que des contributions en argent peuvent parfois être légitimement levées. Mais ces réserves faites, on doit laisser aux non combattants leurs propriétés, ne point les dépouiller des provisions qui leur permettent de vivre, respecter leurs outils, leurs machines, les instruments de leur profession. A cet égard encore, les Allemands se sont conduits non en soldats, mais en barbares. Dans les régions industrielles, ils ont arrêté tout travail en emportant les matières premières et les machines. Les habitants de la Belgique et du Nord de la France ne vivent depuis longtemps que grâce à la charitable intervention du peuple des Etats-Unis et l'on se demande si, dans l'état actuel des choses, cette suprême ressource ne va pas leur manquer. Des milliers de maisons ont été incendiées, vingt mille pour la seule Belgique, un plus grand nombre encore ont été pillées.

Ces destructions et ces pillages faisaient partie des méthodes de guerre des allemands. Nous n'en pouvons pas douter, car nous savons que le pillage était de leur part ordonné et systématique. Il était opéré sous les yeux des officiers et sous-officiers à qui la meilleure part était attribuée, le reste était distribué par eux-mêmes entre les soldats. C'est bien là un trait de la civilisation allemande. L'idée d'un vol ne lui répugne aucunement, mais ce qu'elle ne saurait tolérer, c'est que le produit du vol ne soit pas réparti suivant des règles fixes et rigoureusement maintenues.

Ce tableau est déjà fort chargé; il lui manque pourtant un dernier trait. La brutalité allemande ne s'est arrêtée devant rien, pas même devant le malheur et les souffrances des blessés. Est-il cependant parmi ceux qui ne combattent pas une situation plus digne de respect et de pitié que celle du soldat frappé dans l'accomplissement de son devoir? Les faits sont indéniables, ils sont nombreux. Un volume de l'Enquête française en est plein. Blessés abandonnés sur le terrain et que l'on retrouve le lendemain la gorge ouverte ou le crâne défoncé, blessés dont on entend la nuit les cris pendant qu'on les achève, blessés massacrés dans les ambulances qui les ont recueillis avec les médecins qui les soignent, tout a été vu, tout a été fait. Cependant ici, en dehors même d'une idée d'humanité aussi vieille que le monde, on était en présence d'une convention dûment ratifiée par tous les belligérants, cette convention de Genève de 1864 et de 1906 à laquelle on ne pensait pas que personne oserait jamais toucher. Il faut croire qu'au début de cette funeste campagne, la brutalité allemande allait à la fureur pour que de pareils crimes aient pu être commis et l'on se demande quelles leçons avaient reçues les soldats responsables de ces atrocités, les officiers sous les yeux de qui elles se passèrent.

La liste des attentats dirigés contre les non combattants n'est pas close par là. Il faudrait parler de ces déportations qui menacent de ressusciter l'esclavage antique et aussi de la guerre maritime qui a vu des excès au moins aussi graves se produire. Nous laisserons à d'autres ces deux sujets. Observons pourtant encore que cette guerre a vu inaugurer une méthode nouvelle, celle des hostilités dirigées contre les seuls non combattants. Nous voulons parler des bombardements de villes ouvertes opérés par ballons dirigeables ou par aéroplanes, moyen qui ne peut nuire qu'à la seule population civile, qui est destitué du reste de tout effet militaire, qui est cruel, qui est inutile, qui représente purement et simplement le mal fait pour le mal.

Les procédés de guerre allemands ruinent donc entière la distinction des combattants et des non combattants. Ce n'est pas sans une profonde douleur que nous assistons à cette ruine. Ce que nous pleurons, c'est un principe d'humanité élémentaire que des siècles d'efforts constants avaient réussi à faire accepter et qu'il a suffi d'un moment pour ruiner. Cette grande loi qui veut que l'on épargne ceux qui ne peuvent ni attaquer ni se défendre était déjà chère à Grotius, bien qu'il ne la considérât que comme un pur devoir de conscience et parmi les auteurs, Bynkershoek, un hollandais, qui aurait pu être allemand, fut, je pense, le dernier à y voir une question de simple générosité. Depuis, il n'est personne qui ne l'ait déclarée strictement obligatoire pour tout peuple civilisé.

Cette loi, la voilà détruite, ou à tout le moins gravement compromise. Les récits qui nous parviennent nous montrent en même temps combien elle est salutaire et que, si la nécessité d'un certain droit dans la guerre elle-même était contestée, il suffirait pour la démontrer de rappeler ce qui se passe quand ce droit est méconnu.

Les Allemands ont commis là un grand crime dont les conséquences doivent nous effrayer. Les ruines matérielles se réparent, les champs dévastés couvrent d'un rideau de verdure les traces sanglantes des combats, la population décimée se reconstitue, l'atteinte portée aux droits de l'humanité et de la raison ne se guérit pas. Les mauvais exemples trouvent toujours de nombreux imitateurs, et lorsqu'une pratique laborieusement acquise n'a plus pour elle l'appui d'un respect unanime, quelle force peut lui appartenir encore?

La coupable entreprise de l'Allemagne ouvrira au monde un âge de fer. A défaut de la pitié et de l'honneur dont le crédit n'est plus intact, la force seule peut garantir les droits de l'humanité. Pour éviter le retour prochain d'une guerre semblable ou même pire, ne comptons que sur notre force, et lorsque malgré tout des hostilités viendront à se produire, ce n'est que par la force que nous obtiendrons l'observation du droit traditionnel de la guerre.

La justice a pour emblèmes une balance et une épée. On doit souhaiter qu'à la fin de cette triste guerre les Puissances qui ont l'honneur de soutenir la cause du droit soient en état d'infliger un châtiment exemplaire à ces contempteurs de toutes les lois, de tous les droits. Des flots de sang ont été versés et il nous répugnerait d'y ajouter de nouveaux flots de sang, mais il serait bon que les coupables qui pourront être saisis reçoivent le châtiment dû à leur crime, il faudrait aussi et surtout que l'Etat coupable expiât assez durement sa faute pour servir de perpétuel exemple à ceux qui seraient tentés de l'imiter.

Les Allemands ont déposé en Belgique et en France une semence qui produira contre eux une terrible moisson. Ils y ont porté le fer et le feu, régnant par la terreur, s'imposant par leurs crimes. Qu'auront-ils à répondre si un jour arrive où on leur dira qu'ils sont tous sans exception responsables des maux qu'ils ont infligés à tous. Cette idée de solidarité, si rarement légitime, même à la guerre, et dont ils ont fait un abus si scandaleux, peut devenir contre eux le principe et l'excuse d'une impitoyable répression. Que les fauteurs de cette guerre injuste ne pensent pas que l'on oublie jamais qu'ils ont couvert l'Europe de sang et de ruines pour satisfaire à d'inavouables ambitions. Que les bourreaux de la Belgique, que les proscripteurs de la Flandre française ne comptent pas trouver dans un traité de paix le pardon de leurs victimes et l'oubli de leurs injures. La fin des hostilités marquera, nous l'espérons, l'ouverture d'une ère de justice et la première œuvre de la justice consistera à faire payer aux coupables la dette énorme qu'ils ont assumée.

Ce jour-là, les Allemands verront se retourner contre eux leurs propres doctrines. Parce qu'ils ont méconnu la distinction séculaire des combattants et des non combattants, infligeant de sang-froid à ces derniers des maux qu'ils n'auraient jamais dû subir, on demandera compte au peuple entier des crimes commis par ses soldats. Si des mesures de rigueur doivent être prises, elles pourront être générales et les victimes de ces rigueurs ne pourront s'en prendre qu'à elles-mêmes des souffrances qu'elles endureront.

Déjà pendant la guerre de 1870 les armées allemandes s'étaient signalées par de nombreuses transgressions du droit des gens. Le succès qui justifie tout avait jeté sur leurs exploits sa lumière favorable et leur conduite avait trouvé dans les pays neutres un trop grand nombre d'apologistes. Cette fois encore, nos ennemis ont compté qu'une victoire foudroyante éblouirait les témoins de leurs excès. Qu'ils n'y comptent plus. Ils n'auront pas laissé seulement dans nos champs le meilleur de leur jeunesse, ils y auront perdu aussi l'honneur de leur drapeau.

PITHIVIERS — IMPRIMERIE — 10894

www.ingramcontent.com/pod-product-compliance
Lightning Source LLC
LaVergne TN
LVHW020455230826
846091LV00008BA/3212

* 9 7 8 2 0 1 6 1 2 4 4 2 0 *